FAMOUS LAST WORDS

遗言图书馆

［英］克莱尔·科克-斯塔基　编

冯羽　译

上海文艺出版社

Introduction

导读

马克·吐温曾经深思熟虑过"预留遗言"这个想法。他觉得临终遗言应当是"在一息尚存之时，用充满睿智的话语华丽地把自己送达永恒的彼岸"。他同时也警告："人在弥留之际，油尽灯枯，身体和大脑都变得不可靠了。"基于此，他建议遗言应该是事先筹谋、白纸黑字、亲友传阅、开诚谈论。

不幸的是，马克·吐温并没有践行自己的倡议。事实上，他给自己女儿的临终遗言不完整得令人泄气。这或许正应了那句"凡事预则立，不预则废"的老话。吐温躺在自己的临终床上和女儿克拉拉说："再见了。"他握住女儿的手，开始吊人胃口地低语："如果我们再相逢……"随后就睡着了。几小时之后，他便没有了呼吸。

世人都希望离开这个世界前能留下深邃的话语供后人瞻仰。然而可悲可叹的是，因为死神的到来总是蛮不讲理，这种概率的出现可谓千载难逢。但本书收录的临终遗言里有精彩故事、历史洞见、痛彻心扉的柔情以及精辟如珠的妙语。每一则临终遗言都引领我们穿越到某一特定的历史时刻，我们宛如化身为一缕缕光束围观在临终床侧。不同见证者在临终者的每一次吐词中都会演绎出不同的临终遗言版本。

当我们思考临终遗言时，毋庸讳言我们也在思索死亡这件事。在弗朗西斯·博瑞尔和F.L.卢卡斯合著的《死亡的艺术》（1930）一书的介绍中，他们断言："死亡存在三种可能的形式：昏迷不醒、陷入谵妄状态（或者半清醒状态），或者全身心死亡。"死神降临时会有很多种形式，这一点也可以在所有的临终遗言中得到印证。有些人在遭遇死神时神志清醒，他们得以和围拢在身边的家人慢慢离别，发表得体又感人的遗言。其他人猝不及防地被死神带走，其中有些甚至是因谋杀而亡，他们的遗言也记录了这些瞬间。一些可怜的灵魂离开这个尘世时处于半清醒状态，他们的遗言不是完全任意的就是毫无意义的。

在一些人漫长的死亡过程中，有那么好多次别人以为这个遭受病痛的人就要熬出头了，而他竟然又不屈不挠地多活了几天。人们很容易设想这样一幅画面，将死之人的至亲都围在病榻周围，迫不及待记录着病人的所有言辞，深怕这就是他的临终之言。人们不禁有理由推论那些许多著名的临终时刻已经被优化和美化地再创造了。众所周知，历史是由胜利者书写的。前人的遗言也是由后人记录的。总有人迫切希望把自己所尊敬和爱戴的人物的最后瞬间尽可能描绘得光辉伟大，基于此，不可避免的一个事实就是：许多发布给公众的遗言已经事先被润色美化了。

经过细细考证，一些流传甚广却无证可究的遗言实际上是被杜撰出来的。但这也没有阻止我把它们收录进本书，因为这些假设是出自他口的遗言提供给了我们更多有关这个人物的品性上的洞见。不论到底是否是真的临终遗言，在那些后世流传甚广的遗言中，人们能发掘出许多弦外之音。比如说查理二世流传的遗言版本："别让可怜的奈莉挨饿。"他死了都放不下的这个奈莉指的是他的演员情妇——奈尔·格温。有意思的是这个版本的遗言比他真正的版本流传得更为持久和深远。那个版本是："先生们，你们一定要原谅我在这个最不合理的时刻死去。"

我们整理临终遗言的目的究竟何在呢？人们总希望通过追求一些不浮于表面的、深邃的信号或者一些轶事趣闻来完美刻画某个人物的特征。从这个意义上讲，整理者希冀尽可能好地展现那些垂死人物的最后时刻。因此，临终遗言的陈述也是会把后人带到不同结论中去的。比如乔治五世的临终时刻，白金汉宫发布的官方版本是"我的帝国当下如何？"。这个版本体现了这位君主对于他的疆土和子民的鞠躬尽瘁。然而根据一些现场目击证人事后传出来的描述，在确认自己将被送往博格纳康复治疗时，乔治在尘世的最后话语根本和忧国忧民扯不上一点关系。他是嚷着"该死的博格纳！"离世的。

假如我们能自主挑选临终时刻，或许我们可

以酝酿完美的言辞来概括这一生或确保关键信息得以传递。所谓天不遂人愿,死亡基本不是这么一回事。伟大的化学家路易斯·巴斯德生前有许多科学创举,包括了最著名的以他名字命名的巴氏灭菌技术。他极有可能曾设想在生命最后关头向世人传授一些他天才的精髓。不幸的是,当身边人向他递送一杯牛奶时,他被记录的最后话语竟然是"我不能喝"。当然史料也未有记载他最后的那杯牛奶是否用他的方法消过毒!

即便你事先计划了你的伟大遗言,死神也会出其不意将你掳走。著名的作曲家理查德·瓦格纳的死亡就是一个很好的佐证。心脏病突然发作时,瓦格纳倒地的同时怀表也掉了。他眼睛紧盯着掉下的怀表,"哦,我的表……"竟成了他的临终遗言。一个人的临终遗言往往也能还原出他们临死时的处境。第一次世界大战期间被狙击枪手夺命的作家萨基的临终遗言是:"灭了那该死的烟头!"这无缝对接了他死亡时的悲壮场景。类似的情景也发生在英国首相斯宾塞·帕西瓦尔身上。

他在下议院大堂被刺杀。死亡前的瞬间（看到了枪手和呼啸而至的子弹）他意识到即将发生什么，脱口而出："我的天啊！"

对于那些苦苦寻求伟人临终遗言深意的人来说，亨利·大卫·梭罗可真是要伤透他们的心了。这位伟大的自然主义者生命最后阶段有点癫狂，零星吐出的词竟然是完全随机的："驼鹿……印度人……"

许多临终遗言被蓄意打上宣传标签。那些有宗教信仰的信徒希望他们敬爱的人的临终遗言也能向公众宣示他们的信仰。被问到"你是否遵循《圣经》教义？"时，新教改革领袖马丁·路德临终前铿锵有力地回答了"当然"。

临终遗言有时也会和死者生前信仰背道而驰。比如一些无神论者的最后话语揭示了在生命最后关头，他们因惧怕死亡而更愿意违背自己之前的观点。伏尔泰，这位著名的天主教批评者，被流传出来的几个临终遗言版本，都显示这种倾向。包括那个虽已经被证伪却一度大肆流传的完全改变他生前初衷的版本:"我被上帝和人类同时抛弃了。我的上帝,我的耶稣,如果能再让我活半年,我愿意给你我一半的身家。然后我就下地狱,而你也将和我一起。"而接下来这个流传更广的版本则维持了他的智慧和骄傲,比如这句他在临终床上看到灯光突然闪烁时嘲讽着说出的遗言:"什么,就这样激情燃烧完毕了?"再就是被我收录进本书的这个版本(尽管被证很可能是伪造的,却是世人更愿意接受的),在最后一次被要求彻底否认撒旦时,伏尔泰回答:"我的好人啊,此时和当下可不宜宣战结仇啊。"

临终场景总少不了成群结队的至亲至爱将垂死者层层包围道别,所谓千人千语,对于死者的临终遗言,每个目击者都可以有自己的见证版本向外公布。这种现象就发生在了小威廉·皮特身上。他的不同版本的遗言引发了一些争议。有人说他讲了"我的祖国,我怎么舍得离开你"。另一个更正面的版本则说"我的祖国,我多么爱你啊"。

基于人们对临终遗言文化含义的重视,极有

可能通常被报道的临终遗言不是真正原版的遗言，而是那些后人认为对于死者一生更有意义和更恰当的言论。一个典型的例子就是后人给予伟大智者奥斯卡·王尔德的充分吻合他这一生的风趣遗言："我和墙纸在做殊死搏斗，今天不是它死就是我亡"。然而考虑到王尔德最后死于脑膜炎，我们有理由推断他真实的遗言或许远没有这么精彩。

在那些猝死或者不期而至的死亡案例中，临终遗言或许连被记录的机会都不存在，事先没有人意识到上次的话语竟然就是最后的声音。这些状况下，主人翁生前的最后一封信有时会被当作临终遗言的来源。写信时，主人可能已经知道这是他最后一次表达心声的机会，那样的信件内容往往是深刻而有见地的。这种深刻或痛心在那些自杀者的遗书中表现得尤为突出。英国著名作家弗吉尼亚·伍尔夫在口袋里装满石头，自沉于乌斯河之前，给丈夫留下了一封信，信中言辞有她彼时抑郁精神状态的缩影："我强烈预感到我将要疯狂。这种状态下我寸步难行。我耳鸣，脑海中各种声音撕咬，无法静心工作。我已经和这种状态斗争许久，现在我斗不动了。此生我虽欠你幸福，却不能再这么自私地继续破坏你的余生了。"

罗伯特·福尔肯·斯科特被发现蜷身死在南极洲荒野中的一个帐篷里。死之前他知道他追求的人类史上第一个到达南极点的夙愿实现不了了，而一起战斗的探险同伴们估计也都无法生返。极度绝望之下，他在最后的日记开篇写着："看在上帝的份上，请照顾好我的人。"

此次探险队中的另外一名成员上尉劳伦斯·奥茨因为他那最无私的临终遗言而永垂不朽。意识到因严重冻伤而行动不便的自己已经成了团队的大包袱，因为自己可能使得其他成员到达不了基地的营地而失去宝贵的求生机遇，奥茨觉得自己唯有一死才能避免这种状况。在他从帐篷走向漫漫冰天雪地结束自己生命之前，他为后人所不忘的话语是："我到外面去走走，可能要多待些时候。"

历史上密切相关的人物的临终现场遗言的拼接也能合力向世人展现出某个历史阶段的生动瞬

间。比如说两位共同参与《独立宣言》起草和签署的美国开国元勋托马斯·杰斐逊和约翰·亚当斯竟然同年同月同日死。无巧不成书,那一天竟然是美国独立日——7月4日,《独立宣言》签署的那一天。杰斐逊,临终前惦记着这个日期,他在尘世最后的话语是:"今天是4号吧?"亚当斯,放不下这个老朋友和老同事,留下的遗言是:"托马斯·杰斐逊那老家伙还挺着没死。"而事实上,他完全可以死得瞑目了,因为杰斐逊几小时前就已经挺不住而先于他咽下了最后一口气。

类似的历史性场景也发生在法国大革命时期的政治家让-保尔·马拉和刺杀者夏洛蒂·科黛的死亡上。作为雅各宾派的领导者,马拉在浴缸中被大革命期间吉伦特派的同情者夏洛蒂·科黛刺杀。彼时马拉饱受一种严重的皮肤病折磨,他必须每天数小时持久浸泡在浴缸中的药水里接受治疗。科黛当时就是在浴室兼书房的场景中见到的马拉。为了能骗取信任入室见到马拉,科黛假装要告诉马拉吉伦特派叛徒的名字。当马拉告知科黛那些叛国者将会被逮捕并送上断头台时，科黛取出了藏在衣服中的小刀，直接刺中了马拉的心脏。马拉最后的话是喊向自己的妻子："亲爱的，快救救我。"科黛当场被捕并被判死刑。她临终的话语体现了她第一次也是最后一次近距离看到断头台和铡刀时的兴奋。她宣称，"我有权好奇，我从没有见过这个玩意儿。我为国捐躯，我将会流芳百世。"

有些最具悲剧性的遗言出自那些乐天派，那些对死亡毫无准备的人，生命最后一刻还相信自己即将康复。美国演员道格拉斯·费尔班克斯的遗言或许是最匪夷所思且虚幻至极的："我现在感到前所未有地好。"摩门教领袖布里根姆·扬死前欢呼，"我感觉好多了！"很偶然地，临终遗言也能精准概括人们生前的神韵。挪威剧作家亨利克·易卜生作为一位超级现实主义者生前久负盛名，他至死都捍卫了自己这个名声。护士在床边说他情形好像好转了，易卜生答复"恰恰相反"，之后就与世长辞了。

有时候是人死前的一系列对话构成了临终遗言。在那些内容中，后人摘取有趣的部分作为正式的"官方"版本。英国著名诗人乔治·戈登·拜伦勋爵有很多言辞被认为是他的临终留言。其中包含"可怜的希腊！我奉献给了你我的岁月，我的财产，我的精力。现在我献上我的生命！我还能为您做什么？"，以及"我该起诉仁慈吗？哦哦，不要虚弱。最后也让我像好汉一样地走"。然而根据他的副将皮特·甘巴记载，实际上他的临终遗言更接地气："我必须睡了，晚安。"

现代人对于名人们的临终遗言的着迷和热情并没有随着时光流逝而有任何消退的迹象。此前苹果公司的联合创始人史蒂夫·乔布斯的临终遗言被公之于众。"哦哇！哦哇！哦哇！"这几个重复词语高度吻合他保持好奇的精神和面对死亡时的不回避心态。

最后为我们贡献临终遗言的是深受读者喜爱的英国奇幻小说作家特瑞·普瑞切特，他的遗言表现形式最现代。在意识到死神快要来接他走时，他事先编好了几条推文，请家人在他死后逐一发布在推特上。与他自己的作品《碟形世界》中对于死神的拟人化描述相呼应，死亡是一个黑衣人骑着叫宾凯的马匹，吐出全部是大写的单词，普瑞切特的推文字母全大写："终于，特瑞先生，我们必须把你带走了。"

紧接着的第二条推文是："特瑞抓住死神的手臂跟随他离开大门，走进了茫茫黑夜中的广袤沙漠。"最后一条推文，"全书终"。

约翰·亚当斯

（1735—1826）

美国第二任总统以及美国开国元勋之一

"托马斯·杰斐逊那老家伙还挺着没死。"

可怜的亚当斯搞错了，事实上杰斐逊当天早上已经先于他撒手人寰了。

约翰·昆西·亚当斯

（1767—1848）

美国第六任总统（第二任总统约翰·亚当斯之子）

"尘事已了，我死而无憾。"

约瑟夫·艾迪森

（1672—1719）

英国诗人以及散文家

"让你们看看，基督徒死的时候是多么的平和！"

艾尔伯特亲王

（1819—1861）

对他的妻子维多利亚女王说：

"可爱的小妇人。"

路易莎·梅·奥尔科特

（1832—1888）

《小妇人》作者

"难道不是脑膜炎吗？"

托马斯·B.埃尔德瑞克

（1836—1907）

美国诗人

"不管怎样，我将入睡，请熄灯火。"

亚历山大二世（俄罗斯）

（1818—1881）

被扔进车厢的炸弹炸致伤亡

"让我死在家中的宫殿里。"

亚历山大大帝

（公元前 356— 前 323）

被问及谁继任时，据说他的答复是：

"最强者。"

伊桑·艾伦

(*1738—1789*)

美国独立战争的将军

临死前,身边的医生试图安慰他:

"天使们正在等候你呢。"艾伦答复:

"她们在等,是吗?她们正等着,是吗?

那就让她们等着吧。"

约翰·安德鲁

(*1750—1780*)

美国革命时期的英国陆军少校,

在美国以间谍身份被处决

"这不过就是一个头点地的过程。"

奥地利的安妮

（*1601—1666*）

西班牙国王腓力三世的女儿，也是法国路易十四的母亲。

死前也念念不忘自己生前被无数人称赞和仰慕的玉手：

"真不忍看着它们变得如此不堪，是时候离开了。"

鲁多维科·阿里奥斯托

（*1479—1533*）

意大利诗人

"此处终究不是我的归宿。"

简·奥斯汀

（1775—1817）

死前被问还有什么要求,她回答:

"但求一死。"

约翰·塞巴斯蒂安·巴赫

（1685—1750）

"不要为我哭泣,我将去往音乐诞生的地方。"

罗伯特·巴登·鲍威尔

（1857—1941）

童子军创始人

在最后一封给"亲爱的童子军"的信中，他写道：

"以这种方式'做好准备',快乐生活,幸福死亡——恪守童子军信条——哪怕你已成为一个男子汉了,上帝会助你一臂之力的。"

沃尔特·白芝浩

（1826—1877）

英国记者以及评论家

死前他拒绝别人帮他重新垫放枕头，说：

"让我自己为这种琐事儿操心吧。"

让·西尔万·巴伊

(1736—1793)

法国天文学家以及哲学家

他在法国大革命期间被处死,时值寒冬,行刑前被游街,围观好事者喊话:"巴伊,你在颤抖。"巴伊回答:"我的朋友,寒冷令我瑟瑟发抖,并非死亡。"

P.T. 巴纳姆

(1810—1891)

全名菲尼亚斯·泰勒·巴纳姆,美国马戏之王

"今天我们马戏团在麦迪逊广场演出收入怎么样?"

J. M. 巴利

（*1860—1937*）

英国作家

"我睡不着。"

克拉伦斯·W. 巴隆

（*1855—1928*）

美国财经记者

"有什么新闻？"

约翰·巴里摩尔

(*1882—1942*)

美国演员

"死亡？我想说不，亲爱的朋友。任何一个巴里摩尔族人绝不允许这么没有创意的事情发生在自己身上。"

贝拉·巴托克

(*1862—1945*)

匈牙利作曲家

他冥思着未竟作品对医生说：

"我只是为不得不带着这满满的一箱子（想法）离世而伤感。"

莱曼·弗兰克·鲍姆

（1856—1919）

美国作家，《绿野仙踪》的作者

他告诉妻子：

"现在我终于可以穿越流沙了。"

乔治·米勒·比尔德

（1839—1883）

美国神经学家

"就为科学做贡献而言，我本应记录下临死的想法，但这是不可能的。"

奥伯利·比亚兹莱[1]

（*1872—1898*）

"求求你们把所有这些粗俗的诗和画都烧了。"

约瑟芬·德·博阿尔内

（*1763—1814*）

拿破仑·波拿巴的妻子

"拿破仑！厄尔巴岛！玛丽·路易斯！"

---

1. 十九世纪末最伟大的英国插画艺术家之一。（如无特殊说明，所有脚注均为编者注。）

托马斯·贝克特

（1117—1170）

英国坎特伯雷大主教,在坎特伯雷大教堂被谋杀

"以上帝之名捍卫教会信仰,我愿意以身殉教。"

路德维希·凡·贝多芬

（1770—1827）

他在美因茨订购的一箱葡萄酒终于到了,

原本指望靠这酒养养每况愈下的身体的:

"遗憾,遗憾——到得太晚了!"

亚历山大·格拉汉姆·贝尔[1]

（*1847—1922*）

"做完的太少。要做的太多。"

阿诺德·本涅特

（*1867—1931*）

英国记者及作家

他对情妇说：

"一切都乱套了，我的姑娘。"

---

1. 美国企业家，发明家。世界上第一台可用电话的发明者。

杰里米·边沁 [1]

（1748—1832）

"我现在感觉自己快要死了。

我们关爱别人就意味着使对方的痛苦最小化。

此时不要让仆人们进来,

也拦住外面的那些年轻人。

当他们发现面对我的死亡自己无能为力时,

他们会很难受。"

---

1. 英国的法理学家、功利主义哲学家、经济学家。

阿尔班·贝尔格

（*1885—1935*）

奥地利作曲家

"但是我几乎没有时间了。"

圣伯尔纳铎

（*1091—1153*）

修道院院长及神学家

"愿上帝心想事成。"

莎拉·伯恩哈特

（*1844—1923*）

法国演员

"本人临死时的痛苦怎么来得这么慢！"

比利小子

（*1859—1881*）

又名威廉·H. 邦尼 / 亨利·麦卡蒂

帕特·加勒特警长在暗室中伏击了这个臭名昭著的歹徒：

"谁在那儿？"

乔治·比才

(*1838—1875*)

法国作曲家

"我现在全身冒冷汗。这是死亡的汗水吗？你要怎么告诉我父亲？"

威廉·布莱克

(*1757—1827*)

他的妻子问他在唱什么歌，他回应：

"亲爱的，它们不属于我，不，它们不属于我。"

安妮·博林

（*1501—1536*）

据说她在被处决的前一天，还在说着俏皮话：

"我听说刽子手的技术很好，而我的脖子很纤细。"

她的遗言：

"我要向主献上我的灵魂；愿主能接受我的灵魂。"

拿破仑·波拿巴

（*1769—1821*）

"法兰西——军队——军队长官——约瑟芬。"

约翰·威尔克斯·布斯

（1838—1865）

美国总统林肯的刺杀者

对命令他投降的警官嚷嚷：

"没用的！没用的！"

凯撒·博尔吉亚 [1]

（1475—1507）

"除了死亡，我这一生对任何事都做了准备。然而现在，唉！虽然毫无准备，我就要死了。"

---

[1] 瓦伦蒂诺公爵，政客，独裁残暴，在教皇的支持下，几近统一意大利。年仅31岁死于敌人圈套，手持武器战斗到最后一刻。

多米尼克·鲍赫斯

（*1628—1702*）

法国散文家以及语法学家

"我马上就要——或者说，我即将——死去了：这两种表达方式都是正确的。"

安德鲁·布雷德福

（*1686—1742*）

美国出版商

"噢，上帝，原谅所有印刷错误吧！"

第谷·布拉赫

（1546—1601）

丹麦天文学家

"让我看起来好像没有虚度一生。"

约翰内斯·勃拉姆斯[1]

（1833—1897）

他在小口喝最后一杯葡萄酒时说：

"啊，味道不错。谢谢你。"

---

1. 浪漫主义中期德国作曲家。代表作《匈牙利舞曲》。

波莱特·布里拉特-萨瓦林

著名享乐主义者让·安姆特·布里拉特-萨瓦林

(1755—1826)的姐姐。

波莱特在吃饭中途突然病倒,她说:

"快!抓紧上甜点!我想我快要死了。"

安妮·勃朗特

(*1820—1849*)

对她的姐姐说:

"鼓起勇气,夏洛蒂,鼓起勇气!"

夏洛蒂·勃朗特

（*1816—1855*）

对她结婚不到一年的丈夫说：

"哦！我还不会死吧，是吗？上帝不会这么快让我们分离的，我们在一起是多么幸福啊。"

艾米莉·勃朗特

（*1818—1848*）

勃朗特之前拒绝看医生，此刻追悔莫及：

"如果你们愿意去请医生，我现在就见他。"

鲁伯特·布鲁克[1]

（*1887—1915*）

他死在离希腊斯基罗斯岛不远的一艘医疗舰上，

他的临终遗言是问候此生最后一位拜访者：

"你好！"

伊丽莎白·巴雷特·布朗宁[2]

（*1806—1861*）

被问及她的感受时，她回答：

"很美好。"

---

1. 英国空想主义派诗人。
2. 伊丽莎白·巴雷特，诗人罗伯特·布朗宁的妻子。又称布朗宁夫人，是英国维多利亚时代最受人尊敬的诗人之一。

罗伯特·布朗宁

（1812—1889）

当他得知自己的最新诗集《阿索兰多的跛诗》畅销时：

"太令人满足愉快了。"

罗伯特·布鲁斯

（1554—1631）

苏格兰牧师以及神学家

"上帝与你同在，我亲爱的孩子；

　我已经和你共进早餐了，

　现在该和上帝共进晚餐了。"

乔治·布坎南

(*1506—1582*)

苏格兰历史学家

当他使唤仆人将其财产分给穷人后,
仆人问他办葬礼的钱该如何支付:
"此事和我关系不大;因为假如我死了,
人们可以选择埋葬我或不埋葬我,
他们高兴怎样就怎样。如果他们愿意,
也可以选择让我的尸体就地腐烂。"

詹姆斯·布坎南

（*1791—1868*）

美国第十五任总统

"不管结果如何，

我希望带入坟墓时我的意识至少得是有益于国家的。

哦，万能的上帝啊，请务必成全。"

约翰·班扬

（*1628—1688*）

英国作家

"带我走吧，因为我要来到你身边。"

马丁·范·布伦

（*1782—1862*）

美国第八任总统

"只有一种依靠……"

弗朗西斯·霍奇森·伯内特

（*1849—1924*）

《秘密花园》的作者

"我试着用自己最好的一面，给这个世界写出更多欢乐。"

罗伯特·彭斯[1]

(*1759—1796*)

他曾是邓弗里斯志愿军的成员,

对于此段经历他一直耿耿于怀:

"噢,不要让那群笨手笨脚的新兵为我鸣枪!"

理查德·弗朗西斯·伯顿

(*1821—1890*)

维多利亚时代的探险家

他对妻子说:

"哦,普思,给我氯仿……乙醚——

否则我就是一个死人了。"

---

1. 苏格兰文化偶像,著名民族诗人,浪漫主义运动先躯。

拜伦勋爵

(1788—1824)

"我现在必须睡觉了。"

约翰·加尔文

(1509—1564)

法国神学家

"愿主保佑我；但我已经非常满足了，因为这是您的旨意。"

托马斯·卡莱尔

（1795—1881）

苏格兰历史学家

"这就是死亡。很好！"

刘易斯·卡罗尔

（1832—1898）

"把枕头拿走吧——我再也不需要它们了。"

艾迪丝·卡维尔

(*1865—1915*)

一战期间被德军当作间谍枪决的英国护士,
她帮助大批盟军士兵逃离已被德国占领的比利时

"我意识到仅仅怀有爱国主义是不够的,
我还必须不对任何人心怀仇恨与抱怨。"

米格尔·德·塞万提斯

(*1547—1616*)

西班牙作家,《堂吉诃德》的作者

"再见了,我所有的亲爱的朋友们,
因为我就要死了;我希望不久后,
在另一个世界再与你们重逢时,
能像心中渴望的那样幸福。"

保罗·塞尚

（1839—1906）

塞尚在临终前,异常兴奋地不断重复着那个拒绝展出他画作的美术馆馆长的姓名:

"庞迪耶!庞迪耶!"

罗伯特·钱伯斯

（1802—1871）

苏格兰出版商

"很舒适——很幸福——别无其他!"

尼古拉斯·尚福尔

(*1741—1794*)

法国作家

在法国大革命期间,

他因发表大胆的言论而被当局威胁要饱受牢狱之灾。

他通过朝脸上开枪和用裁纸刀刺伤自己的方式自杀。

他侥幸活了下来,

但伤势严重,

临死前受伤痛折磨将近一年

"所以我就要离开这个世界了,

这世上人心不是已经支离破碎,

就是已经如铁石一般无情。"

查理一世

（1600—1649）

于 1649 年 1 月 30 日被处死

"我的朋友,我将从腐朽王朝走向一个完美王朝,

在那里不会有这些骚乱。"

查理二世

（1630—1685）

这句杜撰的临终遗言提到了他的情妇,

女演员奈尔·格温

"别让可怜的奈莉挨饿!"

事实是他久卧病榻,据说最后说的话是:

"先生们,

你们一定要原谅我在这个最不合理的时刻死去。"

查理五世

(1500—1558)

罗马帝国皇帝

"主啊,现在我走了。上帝!"

查理九世(法国)

(1550—1574)

他发起了胡格诺派大屠杀,使成千上万人丧生,

最终因血管爆裂而死

"什么血!什么谋杀者!我不知道我在哪里。

这一切将如何结束?我应该做什么?

我知道自己永远迷失了。"

安东·契诃夫

(*1860—1904*)

"我很久没喝香槟了。"

弗雷德里克·肖邦

(*1810—1849*)

波兰钢琴家及作曲家

肖邦死于肺结核,据传他曾说过:

"土地令人窒息……发誓让他们把我开膛破肚,以确保我不会被活埋。"

伊丽莎白·查德利

（1720—1788）

英国乔治王朝时代的社交界名流

以及重婚者

"我去沙发上躺一会儿；我会睡着，

然后我就会完全康复。"

塞缪尔·泰勒·柯勒律治

（1772—1834）

"我的头脑十分清醒，我甚至可以说些俏皮话。"

威廉·科林伯恩

（*1435—1484*）

因为写了反对查理三世的押韵诗

"猫猫、鼠鼠和我们的洛弗尔狗,

以及在蠢猪统治下的英格兰"而被处死。

他被判处英式车裂的极刑。

当行刑者将手伸到他体内挖取心脏时，科林伯恩说：

"上帝啊！还有更多折磨吗？"

亚瑟·柯南·道尔

（*1859—1930*）

对妻子说：

"你棒极了。"

约瑟夫·康拉德

(*1857—1924*)

对妻子说:

"嗨,杰斯!今天早上我感觉好多了!
你总能让我精神奕奕。"

卡尔文·柯立芝

(*1872—1933*)

美国第三十任总统

和一个来他家干活的木匠打招呼:

"早上好,罗伯特。"

夏洛蒂·科黛

(*1768—1793*)

杀死让-保尔·马拉的刺客

她看到断头台时说:

"我有权好奇,我从没有见过这个玩意儿。这是死亡的装扮,但它也可以带我通向不朽。"

威廉·柯珀

(*1731—1800*)

英国诗人

"这预示着什么?"

哈特·克兰

（1899—1932）

美国诗人

从邮轮上跳入大海自杀身亡

"再见了，各位。"

托马斯·克兰默

（1489—1556）

坎特伯雷大主教

克兰默曾被迫签署了一份放弃自己新教信仰的声明，

但还是被天主教玛丽一世视为异教徒而被判火刑。

他率先把自己那只曾经签署耻辱声明的右手伸进大火，说：

"这只配不上我的右手。"

奥利弗·克伦威尔[1]

(1599—1658)

"我计划的不是去喝酒或者睡觉,
而是要消除仇恨。"

威廉·卡伦

(1710—1790)

卓有影响的苏格兰物理学家

"我真希望我还有写字的能力,
因为那样我就可以向你描述死亡是一件多么
令人愉快的事情。"

---

1. 英国国会议员,独裁者,斩杀了查理一世,还废除了君主制。

玛丽·居里

（1867—1934）

对正在试图给她注射的医生说：

"我不要。我想自己一个人待着。"

乔治·居维叶

（1769—1832）

法国自然主义者及动物学家

由于无法吞咽，他把一杯柠檬汽水递给儿媳妇时说：

"看到我爱的人还能吞咽真是件令人高兴的事。"

杰克·丹尼尔

(*1850—1911*)

美国威士忌酿酒商

"请给我最后一杯。"

乔治·雅克·丹东

(*1759—1794*)

法国大革命主要领导人之一

被自己的同志出卖,

同时因被视作共和国的敌人而被送上断头台

"拿我的头颅示众吧,这值得你们辛苦一下。"

查尔斯·达尔文

（*1809—1882*）

"我一点也不害怕死亡。"

丹尼尔·笛福

（*1660—1731*）

"我不知道对于基督徒来说哪一种更难做到……是好好活还是好好死。"

勒内·笛卡尔

(1596—1650)

法国哲学家

"我的灵魂啊,你已经被囚禁了这么久;
现在终于到了离开囚笼、摆脱肉体重负的时候了;
你要勇敢快乐地接受这灵肉分离之痛。"

查尔斯·狄更斯

(1812—1870)

当狄更斯突然病倒时,他的嫂子建议他躺下来。他回答:

"躺在地上吧。"

艾米莉·狄金森

（1830—1886）

美国诗人

"我必须进去了，雾已经升起。"

德尼·狄德罗

（1713—1784）

法国哲学家

当他伸手要去摘杏子，

妻子责备他时，他回答：

"我就是摘了，又他妈的会怎样呢？"

过了片刻，他死了。

本杰明·迪斯雷利[1]

（*1804—1881*）

"我更愿意选择活下去，但我也不畏惧死亡。"

约翰·邓恩

（*1572—1631*）

英国诗人

"如果我不能死去，我会很悲惨。"

---

1. 英国保守党政治家，作家，曾两次担任首相。

弗朗西斯·德雷克

（1540—1596）

德雷克因患痢疾而死于巴拿马附近海域，他被埋葬在海边，尸体放在一口注铅的棺材里，以防西班牙人发现

"请帮我穿上衣服，扣上盔甲，
让我能够像一名战士一样死去。"

亚历山大·仲马

（1802—1870）

大仲马向儿子小仲马提及了他的文学作品：
"告诉我，亚历山大，凭着你的灵魂和良心，你相信我死后所有的作品仍将流传下去吗？"

伊莎多拉·邓肯

(*1877—1927*)

美国舞蹈家

邓肯开着敞篷跑车与大家挥别时说道:

"再见了,朋友们!

我要驶入光芒了!"

不幸的是,

走之后她那长长的随风飘舞的围巾卡在了汽车轮轴上,

勒断了她的脖子。

阿梅莉亚·埃尔哈特[1]

（1897—1937）

她在最后一次飞行前给丈夫的信中写道：

"女人必须尽力去尝试男人们做过的事情。

当她们失败时，

她们的失败对其他人来说

也一定且只能是个挑战。"

---

1. 美国第一位独自飞越大西洋的女飞行员、女权运动者。

乔治·伊斯曼

（*1854—1932*）

美国柯达相机的发明者

一种退化性疾病严重影响了他的行动，

因此他选择了自杀；他的遗书中写着：

"致我的朋友们：我的使命已经完成了。

为何还要等待？"

托马斯·爱迪生

（*1847—1931*）

美国发明家

"那儿美极了。"

爱德华一世

（1239—1307）

在苏格兰镇压叛乱时逝世

"在你们行军时，把我的骸骨扛在队伍前面，

因为叛军不敢看我，无论我是死是活。"

爱德华七世

（1841—1910）

经历过几次心脏病发作后，

国王被要求赶紧上床休息但是他拒绝了

"不，我不会屈服的；我将继续；

我将继续工作到生命最后一刻。"

过了一会儿，当被告知他的马在肯普敦赢了比赛时，他答复：

"我非常高兴。"

乔治·爱略特

（1819—1880）

"告诉他们我身体左边疼得厉害。"

伊丽莎白一世

（1533—1603）

"愿用我的一生所有来换取一刻时间。"

拉尔夫·沃尔多·爱默生

（1803—1882）

"再见了,我的朋友。"

乔治·英格尔

（1846—1887）

德国无政府主义者

因参与海马基特暴乱而被处决

"无政府主义万岁！这是我一生中最幸福的时刻。"

谢尔盖·叶赛宁

（1895—1925）

俄国诗人

在历经酗酒和三次失败的婚姻后，

他选择自杀，年仅三十岁。他在遗书中写道：

"再见吧，我的朋友……这世间，死去并不新鲜。

活着当然也没有新意。"

威廉·埃蒂

（1787—1849）

英国历史画家

"精彩，精彩，这死亡！"

道格拉斯·费尔班克斯

（1883—1939）

美国演员

"我现在感到前所未有的好。"

迈克尔·法拉第

（1791—1867）

英国科学家以及发明家

当被问及是否考虑过在另一个世界会从事什么工作时，

他回答：

"我将和上帝在一起，那就足够了。"

保罗·法里纳托

（*1524—1606*）

意大利画家

"现在我要走了。"

据说当他讲出这句遗言时，他正在生病的妻子回答说：

"我将陪伴你，我亲爱的丈夫。"接着她也断气了。

弗朗茨·斐迪南

（*1863—1914*）

奥地利大公

他被波斯尼亚民族主义者暗杀，

他的死亡成为第一次世界大战的导火线

"这没什么。"

约翰·戈特利布·费希特

(*1762—1814*)

德国哲学家

"真的不要吃药了；我很好。"

米勒德·菲尔莫尔

(*1800—1874*)

美国第十三任总统

当时正在被喂汤的他说：

"营养又美味。"

贝尔纳·勒·布耶·德·丰特奈尔

（1657—1757）

法国科学家

"我并没有痛苦，只是感觉要活下去有些困难。"

查尔斯·詹姆士·福克斯

（1749—1806）

英国辉格党政治家

对试图理解他意思的妻子说：

"特罗特会告诉你的。"

不幸的是他的朋友特罗特也没有理解他的意思。

安妮·弗兰克

（*1929—1945*）

她日记中的最后一句话是在她被捕前三天写的：

"假如世界上只有我一人。"

本杰明·富兰克林

（*1706—1790*）

美国开国元勋

"人之将死，诸事无能。"

弗雷德里克五世（丹麦）

（1723—1766）

"在这最后时刻，我感到极度欣慰，

我从来都没有蓄意冒犯过任何人，

我的手上也没有沾过一滴鲜血。"

托马斯·庚斯博罗[1]

（1727—1788）

"我们都将前往天堂，在蚰髯[2]的陪伴下。"

---

1. 18 世纪英国著名的肖像画家和风景画家。
2. Van Dyke，是一种以 17 世纪弗莱芒画家 Anthony Van Dyke 的名字来命名的胡须样式。

埃瓦里斯特·伽罗瓦

（*1811—1832*）

法国数学家

在一次决斗后受到了致命的伤害，

他对兄弟说：

"不要哭。

我需要所有的勇气来面对

在二十岁死去这件事。"

詹姆斯·A. 加菲尔德

（*1831—1881*）

美国第二十任总统

加菲尔德遭到查尔斯·尤里乌斯·吉特奥暗杀，

死前经受了数月伤痛折磨。

他对参谋长大卫·G. 斯威姆说：

"哦，斯威姆，这儿疼。

斯威姆，你能帮我止疼吗？

哦，哦，斯威姆！"

保罗·高更

(*1848—1903*)

高更的最后一封信是写给他的牧师保罗·韦尔涅的:

"叫你来看我会不会太麻烦你了?

我的视力越来越糟糕,我也不能走路了。

我病得很严重。"

乔治四世

(*1762—1830*)

他对侍从沃森·沃勒爵士说:

"沃勒,这是什么?是死亡,我的孩子。"

乔治五世

(*1865—1936*)

皇宫官方公布的遗言是:

"我的帝国当下如何?"

但是有传言说他真正的遗言是回应医生

(后者让他放心,他们很快会带他去博格纳疗养院休养):

"该死的博格纳!"

爱德华·吉本

(*1737—1794*)

英国作家,《罗马帝国衰亡史》的作者

"一切都是黑暗和迷茫。"

W. S. 吉尔伯特

（1836—1911）

英国剧作家

当他在湖中教两个孩子游泳时，其中一个溺水，

吉尔伯特潜入水中去施救，他说：

"把你的双手放到我双肩上，不要乱扑腾。"

接着他突发心脏病去世了。

夏洛特·帕金斯·吉尔曼

（1860—1935）

美国女权主义者以及作家

她在被诊断出患了无法治愈的癌症后自杀了，遗言：

"选择用一种快速而简单的死亡来代替一种

冗长而可怕的死亡是最简单的人权。"

约翰·沃尔夫冈·冯·歌德

（1749—1832）

德国作家以及诗人

"更多的光！更多的光！"

卡塔琳娜·伊丽莎白·冯·歌德

（1731—1808）

德国著名作家约翰·冯·歌德的母亲

一个多产的写信者，

她的最后一封信是回复一位不知道她病情的朋友

发来的请柬：

"请务必原谅我无法出席，因为我快要死了。"

奥利弗·哥德史密斯

(*1728—1774*)

爱尔兰裔英国小说家

医生询问他的心情是否放松时,

他回答:

"不,并不放松。"

尤利西斯·S. 格兰特

(*1822—1885*)

美国第十八任总统

"水。"

约瑟夫·亨利·格林

(1791—1863)

英国外科医生

格林临死前在测自己的脉搏,说:

"停了。"

简·格雷

(1537—1554)

九日女王。她因叛国罪被斩首,年仅十七岁

"主啊,我将我的灵魂交到你的手里。"

爱德华·格里格

(*1843—1907*)

挪威作曲家

"好吧,如果一定是这样的话。"

内森·黑尔

(*1755—1776*)

美国独立战争期间的大陆军士兵,作为间谍被英军处死

"我唯一的遗憾,

就是我只有一次生命可以献给我的祖国。"

沃伦·哈丁

（1865—1923）

美国第二十九任总统

他一边听着妻子读的夸张阿谀他的报纸新闻，一边说：

"很好。继续。再多读一些。"

乔尔·钱德勒·哈里斯

（1848—1908）

美国作家以及民俗学者

当被问及感觉如何时，他回答：

"我感觉只有小昆虫的不到十分之一眉毛那么点长度的好受。"

本杰明·哈里森

（1833—1901）

美国第二十三任总统

"医生们在吗？"

威廉·亨利·哈里森

（1773—1841）

美国第九任总统

对副总统约翰·泰勒说：

"先生，我希望你能够理解政府真正的原则。

我希望这些原则能够被贯彻落实。

我没有其他的要求了。"

弗朗茨·约瑟夫·海顿[1]

（*1732—1809*）

"振作起来孩子们，我没事。"

拉瑟福德·海斯

（*1822—1893*）

美国第十九任总统

他说起他心爱的妻子露西：

"我知道我要去和露西团聚了。"

---

[1]. 奥地利作曲家、音乐家、钢琴家、小提琴家、指挥家。与莫扎特和贝多芬均为维也纳古典音乐的杰出代表。

威廉·哈兹里特

（**1778—1830**）

英国散文家

"我这一生幸福美满。"

海因里希·海涅

（**1797—1856**）

德国诗人

"上帝会原谅我的，那是他职责所在。"

爱洛伊丝

(*1101—1164*)

学者,修女,以及彼得·阿伯拉尔[1]的爱人

"死亡终于让我得以和阿伯拉尔一起安息。"

欧·亨利

(*1862—1910*)

"把灯打开,我不想摸黑回家。"

---

1. 法国著名神学家、经院哲学家。

亨利八世

(1498—1547)

当他被问及是否想向有识之士咨询一下时,亨利回答:

"就算有这样的人,

那也只能是克兰默医生,但是我想先小憩片刻。

等我缓过来些,再去咨询他。"

托马斯·霍布斯

(1588—1679)

英国哲学家

"我即将开启最后的旅程,纵身一跃,投入黑暗。"

路德维希·赫尔蒂

(*1748—1776*)

德国诗人

"我病得很严重。派人去请齐默尔曼来。事实上,我认为我今天就要死了。"

杰拉尔德·曼利·霍普金斯

(*1844—1889*)

英国诗人以及耶稣会牧师

"我很开心,我很开心。我爱我的一生。"

哈利·胡迪尼[1]

（*1874—1926*）

"我厌倦挣扎了，达什。
我猜这次可能我没法成功逃脱了。"

A. E. 霍斯曼

（*1859—1936*）

英国诗人以及古典学者

在医生讲了一个笑话后说：

"这笑话真不错，我得在金地大厅给他们讲一遍！"

---

1. 魔术师及逃脱术大师。

罗伯特·E. 霍华德

（1906—1936）

美国通俗小说作者，死于自杀。

他放在打字机上的遗书引用了维奥拉·加文的一首诗：

"一切都走了，一切都已结束，

把我放在火葬场的火堆上吧；盛宴已经结束，

灯光已经熄灭。"

维克多·雨果

（1802—1885）

法国作家

"我看到了黑色的光。"

亚历山大·冯·洪堡

（*1769—1859*）

德国探险家

"阳光多么壮观啊！

它似乎在召唤着大地去往天堂。"

亨利克·易卜生

（*1828—1906*）

挪威剧作家

一个护士说他的身体状况似乎有所好转，他回答：

"恰恰相反！"

华盛顿·欧文

(*1783—1859*)

美国作家以及散文家

"唉,又要为另一个沉闷的夜晚整理枕头了。鸡毛蒜皮何时休?"

安德鲁·杰克逊

(*1767—1845*)

美国第七任总统

"我希望在天堂能够再与你们相见。你们每一个人,都要做个好孩子,并且在变化来临之际做好充足的准备。"

托马斯·"石墙"杰克逊

（*1824—1863*）

美国南北内战时南军的将领

他在夜间枪战中意外被自己的士兵误伤。

枪伤致命，死亡时神志不清

"我们先渡河，然后坐在凉爽的树荫下休息。"

亨利·詹姆斯

（*1843—1916*）

美国作家

"嘱咐他们按部就班，忠实守信，

要把我好好当回事。"

詹姆斯二世

（1633—1701）

在 1688 年光荣革命中被威廉三世和玛丽二世

（他的女儿）驱逐出国，流亡法国时逝世

"感恩——安息！"

詹姆斯五世（苏格兰）

（1512—1542）

提到苏格兰王位以及快要继位的女儿玛丽，他说：

"王权从女人手中来，又回到女人手中去。"

托马斯·杰斐逊

（1743—1826）

美国第三任总统

7月4日，

当全国庆祝独立宣言通过五十周年时，

他逝世了，

就比当年和他一起签字的同伴约翰·亚当斯

早了数小时

"今天是4号吗？"

塞缪尔·约翰逊博士[1]

(*1709—1784*)

当他被告知无法康复时说:

"那么我将不再服用任何药物,

麻醉剂也不用;

因为我向上帝祈祷过,

要将干净纯洁的灵魂交给上帝。"

他最后的话是:

"上帝保佑你,亲爱的。"

---

1. 英国诗人、散文家、传记作家。

约瑟夫二世

（1741—1790）

神圣罗马帝国皇帝

"将我的墓志铭这样写：约瑟夫长眠于此，他碌碌一生，一事无成。"

詹姆斯·乔伊斯

（1882—1941）

"没有人理解吗？"

弗兰兹·卡夫卡

（*1883—1924*）

卡夫卡死于肺结核和饥饿,

因为他已经无法吞咽食物。

在绝望的状态下,

他恳求医生:

"杀了我,

否则你就是杀人凶手!"

约翰·济慈

（1795—1821）

英国诗人，死于肺结核

"塞文，

扶我起来——我快要死了——我将泰然死去；

不要因我的死亡害怕——坚强些，

同时感谢上帝，为这一切的到来。"

内德·凯利

（1855—1880）

澳大利亚罪犯

在绞刑架上，他说：

"这就是生活！"

鲁德亚德·吉卜林

（1865—1936）

对他的医生说：

"身体里有什么东西飘起来了。"

托马斯·范特·德·拉戈尼

（1660—1734）

法国数学家

他躺得如此平静以至于别人以为他可能已经去世了，

但是当他的朋友问 12 的平方是多少时，

德·拉戈尼飞速回答：

"144。"

皮埃尔-西蒙·德·拉普拉斯

（*1749—1827*）

法国数学家以及天文学家

"我们所已知的是沧海一粟，我们所未知的是浩瀚星空。"

D. H. 劳伦斯

（*1885—1930*）

"我想是时候让吗啡发挥作用了。"

爱德华·利尔 [1]

(*1812—1888*)

对他的用人说:

"再多的言语也无法表达我的好友们对我所做的一
切的感激之情。我没有给他们回信,
因为我不能写字了。
我的手还没有拿稳笔,
我就感觉我要死了。"

---

1. 19 世纪英国著名打油诗人、漫画家、风景画家。

弗拉基米尔·伊里奇·列宁

(*1876—1924*)

他的狗给他带来一只死掉的鸟,他说:

"好狗。"

维切尔·林赛

(*1879—1931*)

美国诗人

自杀。他在遗书中写道:

"他们妄想干掉我——我先干掉了他们。"

乔治·利帕德

(*1822—1854*)

美国作家以及社会活动家

他问医生:

"这就是死亡吗?"

亨利·沃兹沃斯·朗费罗[1]

(*1807—1882*)

当他的姐姐前来探访时,他说:

"现在我知道自己一定病入膏肓了,
连你都被请过来了。"

---

1. 十九世纪美国诗人。

虔诚者路易

（*778—840*）

法兰克国王

据说,当他听闻儿子造反时,他诙谐地说:

"我原谅他,

但是得让他知道我的死要算在他头上了。"

路易十四

（*1638—1715*）

"你们为什么哭?

难道你们认为我会长生不老吗?"

停顿了一会儿,他又继续说道,

"我还以为死亡会更痛苦点。"

路易十六

(*1754—1793*)

法国大革命期间被处以绞刑

"我清白无辜地死去;那些让我背的罪名都不存在。

我原谅那些置我于死地的人;

但我向上帝祈祷我将要流出的鲜血

不会再迁怒于法兰西。"

路易十八

(*1755—1824*)

挣扎着想从床上爬起来

"一个国王应该站着死。"

马丁·路德

(1483—1546)

宗教改革的领导者

有人问他是否遵守《圣经》的教义,

他回答:

"当然。"

托马斯·巴宾顿·麦考莱

(1800—1859)

英国政治家以及作家

"我应该早点退休;我太累了。"

尼科洛·马基雅维利

(*1469—1527*)

意大利政治家以及作家

"我渴望去地狱,而不是去天堂。
地狱里我将享受教皇、国王和王子们的陪伴,
然而在天堂只能与乞丐、僧侣、
隐士和使徒为伍。"

詹姆斯·麦金托什

(*1765—1832*)

苏格兰政治家

当被问及感觉如何时,他回答:

"幸福。"

詹姆斯·麦迪逊

（*1751—1836*）

美国第四任总统

"我总是躺着时更能说会道。"

古斯塔夫·马勒

（*1860—1911*）

奥地利作曲家

"莫扎特！莫扎特！"

让-保尔·马拉

（*1743—1793*）

法国大革命领袖

他在浴缸中被夏洛蒂·科黛刺杀身亡。

他对妻子说：

"亲爱的，快救救我！"

伽利尔摩·马可尼

（*1874—1937*）

意大利发明家

"我觉得自己病得很严重。"

玛丽·安托瓦内特

（*1755—1793*）

路易十六的妻子

1793 年 10 月 16 日，她被送上断头台。

她踩到了刽子手的脚后说：

"先生，请你原谅我。我不是故意的。"

卡尔·马克思

（*1818—1883*）

管家问他是否还有要传达的信息，他回应：

"真啰唆，滚开！

只有没说够的傻瓜才有临终遗言。"

玛丽一世

(*1516—1558*)

俗称"血腥玛丽"

"在我死后,你会发现加莱刻在我的心上。"

玛丽二世

(*1662—1694*)

英格兰女王以及威廉三世的妻子

临终前,蒂洛森大主教正在给她朗诵祷文,她激动地说:"我的主啊,为什么您不继续呢?我不害怕死亡。"

苏格兰女王玛丽一世

（1542—1587）

因密谋推翻伊丽莎白一世而被处决

"上帝啊，我把灵魂呈送到您手上。"

科顿·马瑟

（1663—1728）

新英格兰清教徒牧师，

宣传册作家以及萨勒姆审巫案的支持者

"我要去一个不再让我流泪的地方。"

朱利斯·马萨林

（1602—1661）

红衣主教,法国路易十四时期第一任首相

"哦,我可怜的灵魂,你将幻化为何物?

又将去往哪里?"

威廉·麦金莱

（1843—1901）

美国第二十五任总统

在一次针对他的暗杀行动中,麦金莱的腹部被击中两次,

他受伤后拖延了数天,最终因伤口腐烂而死亡

"再见,再见了各位。这是上帝的旨意。

上帝的旨意总会被实现的——

而我们却没有那么幸运。"

理查德·B. 梅隆

(1858—1933)

美国银行家

梅隆对他的兄弟安德烈

(他们一起玩标签游戏[1]超过七十年)低声说:

"再玩最后一次。"

这最后一次游戏整整持续了四年,

直到安德烈也去世,

这个游戏或许将在另一个世界重新开始。

---

1. Tag Game,两名或多个玩家在场地互相追逐的游戏。一旦其中一个玩家被初始标记者触碰,即视为被标记者,直到他成功追逐到其他玩家,通过触碰转移"标签"。

赫尔曼·梅尔维尔

(*1819—1891*)

美国小说家

他提及自己新书中的一个角色:

"上帝保佑维尔船长!"

费利克斯·门德尔松

(*1809—1847*)

当被问及感觉如何,他说:

"疲倦,非常疲倦。"

阿尔伯特·亚伯拉罕·迈克尔逊

（*1852—1931*）

美国诺贝尔物理学奖获得者

直到临死前他还在做实验；他最后的日志记录是：

"以下是一个关于在加利福尼亚州圣安娜

附近的欧文牧场的光速测量报告，

实验时间从 1929 年 9 月至……"

格伦·米勒

（*1904—1944*）

美国大型爵士乐队音乐家

他在登上飞机时大喊：

"降落伞到底在他妈的哪里？"

这架飞机在英吉利海峡上空失踪。

理查德·蒙克顿·米尔尼斯

（*1809—1885*）

英国诗人

"前戏太多,我退场为妙。"

威尔逊·米兹纳

（*1876—1933*）

美国剧作家

一位神父对他说,

"我想你一定想和我说说话。"米兹纳回答：

"我凭什么应该和你说话呢?

我刚刚已经和你的老板谈过了。"

莫里哀

（*1622—1673*）

莫里哀在表演《无病呻吟》时瘫倒在舞台上，

他在被送回家时死亡：

"别被吓着了，你曾经见过我呕出更多的血。但是，
还是去把我的妻子叫起来吧。"

詹姆斯·门罗

（*1758—1831*）

美国第五任总统

他谈起最好的朋友，

美国第四任总统詹姆斯·麦迪逊：

"我很遗憾自己要离开这个世界，
不能再见到他了。"

玛丽·沃特利·蒙塔古夫人

（1689—1762）

高产的书信作家以及散文家

"这一切都极其有趣。"

西蒙·德·蒙德福特

（1208—1265）

莱切斯特伯爵,

反抗亨利三世的领导者,在伊夫舍姆战役中身亡。

在听到他的儿子亨利已经被杀死的消息时,他说,

"那么现在是轮到我们死的时候了。"

他被杀前的最后一句话是:

"感谢上帝。"

托马斯·莫尔

(1478—1535)

莫尔因拒绝承认亨利八世和安妮·博林的婚姻,

被定为叛国罪而被斩首。

他的最后一句话是对刽子手说的:

"朋友,请等我先把胡子捋到边上,

因为它从没犯过叛国罪。"

威廉·莫里斯

(1834—1896)

"我享受过我的生活——虽时日不多。"

沃尔夫冈·阿玛多伊斯·莫扎特

（*1756—1791*）

"我的舌尖上有死亡的味道。

我尝到了死亡的滋味。"

之后他和苏士梅耶尔谈及《安魂曲》时，据传他曾说：

"我没有说过当时写的《安魂曲》

是为我自己而作的吗？"

亚当·纳鲁塞维茨

（*1733—1796*）

波兰主教以及历史学家

提到他毕生的作品，

以及波兰的历史时，他说：

"我真的不能写完它了吗？"

霍雷肖·纳尔逊勋爵[1]

（1758—1805）

在纳尔逊被狙击手射中，

躺在甲板上奄奄一息时，

他的很多临终遗言被记录了下来，包括：

"照顾好可怜的汉密尔顿夫人——亲吻我，哈代。"

"上帝保佑你，哈代。"

而最后一句话是：

"感谢上帝，我履行了自己的职责。"

---

[1] 英国皇家海军指挥官，地中海舰队总司令。

艾萨克·牛顿

(*1643—1727*)

牛顿在他的最后一封信中写道：

"我不知道在世人眼中我是什么样的人。

但是对于我自己来说，

我好像只是一个在海边玩耍的孩子，

不时为拾到更光滑的石子或更美丽的

贝壳而欢欣鼓舞，

而展现在我面前的是完全未探明的真理之海。"

弗洛伦斯·南丁格尔

（*1820—1910*）

当她躺在病床上接受荣誉勋章时说：

"太客气了——太客气了。"

诺查丹玛斯[1]

（*1503—1566*）

"我不会活到下一个日出之时。"

---

1. 法国籍犹太裔预言家、占星家和医生。

劳伦斯·奥茨

(*1880—1912*)

南极探险家,罗伯特·福尔肯·斯科特的探险队成员之一,

他为了挽救队友而牺牲自己,

虽然最后这牺牲也于事无补

"我到外面去走走,可能要多待些时候。"

提图斯·奥茨

(*1619—1705*)

谋杀查理二世的"天主教阴谋案"策划者

"最终都一样。"

威尔弗莱德·欧文

（*1893—1918*）

"一战"诗人

他最后一封写给母亲的信

（四天后在一次行动中身亡）：

"这里已经没有危险了，如果有的话，

在你读到这封信之前就能结束。"

托马斯·潘恩

（*1737—1809*）

英裔美国政治活动家以及革命家

"我会倾其所有，只要我还有能给予世人的，

只要是《理性时代》还未出版过的。哦，上帝，

拯救我吧；因为我正独自一人处于地狱的边缘……"

约翰·帕尔默

(*1742—1798*)

著名英国演员,在舞台上死去。

他最后说的话是戏剧《陌生人》中的台词:

"还有另一个更好的世界。"

帕默斯顿子爵

(*1784—1865*)

两度出任英国首相

据说被杜撰的临终遗言是:

"死亡,我亲爱的医生?

那是我应该做的最后一件事了。"

事实上,他身为一个著名的工作狂,真正的遗言是:

"这是第九十八项条款;现在继续下一个。"

布莱士·帕斯卡

（*1623—1662*）

法国数学家以及哲学家

"愿上帝永不抛弃我！"

路易斯·巴斯德

（*1822—1895*）

法国化学家

当有人递给他一杯牛奶时，他回复道：

"我不能喝。"

安娜·巴甫洛娃

（*1881—1931*）

著名芭蕾舞演员

"把我的天鹅裙准备好。"

斯宾塞·珀西瓦尔

（*1762—1812*）

英国首相

他在国会下议院的大厅内被

约翰·贝林罕刺杀身亡

"我的天啊！"

小威廉·皮特

(*1759—1806*)

关于皮特的临终遗言存在一些争议:

"我的祖国,我怎么舍得离开你!"

或者

"我的祖国,我多么爱你啊!"

埃德加·爱伦·坡

(*1809—1849*)

爱伦·坡被发现在巴尔的摩的街上流浪,神志不清,穿着并不属于自己的衣服。他的遗言是:

"上帝救救我的灵魂吧!"

詹姆斯·K. 波尔克

（*1795—1849*）

美国第十一任总统

他对妻子说：

"我爱你，萨拉。我爱你，直到永远。"

马可·波罗

（*1254—1324*）

"我连所见所闻的一半都没讲完。"

亚历山大·蒲柏

（*1688—1744*）

英国诗人

"我快死了，先生，伴随着一百个症状。"

约瑟夫·普里斯特利

（*1733—1804*）

英国科学家以及哲学家

"我将和你一样睡去，但我们会一起醒来，我相信幸福是永恒的。"

弗朗索瓦·拉伯雷

(*1494—1553*)

法国作家

"拉下帷幕,闹剧结束了。"

有人说他的遗言是:

"我将前往极度未知之地。"

沃尔特·雷利

(*1552—1618*)

因叛国罪即将被处决,雷利要求检查一下斧子,

然后开玩笑说:

"这是一种锋利的药,但却是万恶的灵丹妙药。"

据说他那时向犹豫的刽子手说:

"你为什么还不砍呢?快砍吧!"

让·菲利普·拉莫

（1683—1754）

法国作曲家

对在他床边唱歌的牧师说：

"你到底想对我唱什么，牧师？你跑调了。"

拉斐尔

（1483—1520）

文艺复兴时期艺术家

"快乐。"

皮埃尔·奥古斯特·雷诺阿

（*1841—1919*）

法国印象派画家

提到了作为艺术家的他自己的画技：

"我想我开始明白一点什么了。"

乔舒亚·雷诺兹

（*1723—1792*）

英国肖像画家

"我深知世间万物皆有终点，现在我的终点到了。"

塞西尔·罗兹

(*1853—1902*)

英国帝国主义者以及政治家

"心愿太多;作为太少。再见了。上帝保佑你们。"

莱纳·马利亚·里尔克

(*1875—1926*)

奥地利诗人

"我不要医生宣告我的死亡。
我要自己宣告这自由。"

西奥多·罗斯福

（*1858—1919*）

美国第二十六任总统

"请关灯。"

克里斯蒂娜·罗塞蒂

（*1830—1894*）

英国诗人

"我爱众生。假使我有一个敌人，我乐于在天堂与他相逢。"

但丁·加布里埃尔·罗塞蒂

（*1828—1882*）

前拉斐尔派作家以及画家

"我觉得我今晚会死。"

让-雅克·卢梭

（*1712—1778*）

法国哲学家以及作家

"把窗推上去，那样我或许还能再看一眼美丽的大自然。"

萨基

(*1870—1916*)

英国作家赫克多·休·芒罗的笔名。

"一战"期间他被狙击手的子弹击中,当时他刚说完:

"灭了那该死的烟头!"

莫里斯·德萨克斯

(*1696—1750*)

法国最高指挥官

"梦虽短,却美妙!"

埃贡·席勒

（*1890—1918*）

奥地利艺术家，"一战"结束前夕死于西班牙流感

"战争结束了，我必须离去。"

弗里德里希·席勒

（*1759—1805*）

德国戏剧家以及诗人

"许多事变得简单清晰了。"

弗朗兹·舒伯特

(*1797—1828*)

奥地利作曲家

"此处,此处是我的终点。"

罗伯特·福尔肯·斯科特

(*1868—1912*)

在厄运连连的南极探险之旅中,

斯科特和他的队友们相继遇难。

他们生前希望自己能成为第一批到达南极的探险家。

斯科特在最后的日记开篇写着:

"看在上帝的份上,请照顾好我的人。"

托马斯·斯科特

（*1535—1594*）

英国政治家

"这之前，我既不信上帝也不信地狱……
现在我深切感受到他们的存在了，
我的永劫注定要由万能的主的公正来判定……"

沃特·斯科特

（*1771—1832*）

对围拢的家人们说：

"上帝保佑大家！我感觉又找回自己了。"

约翰·塞奇威克

(*1813—1864*)

美国内战时的联军将军,战争时被杀

"这个距离他们连头大象都打不中。"

威廉·亨利·苏厄德

(*1801—1872*)

美国政治家

被问及是否有临终留言时他回答:

"没有,只希望大家相亲相爱。"

欧内斯特·沙克尔顿

（*1874—1922*）

对他的医生讲：

"你老是唠唠叨叨让我放弃这个那个。现在你又要我放弃什么呢？"

亚当·史密斯

（*1723—1790*）

某个星期天的晚上，他习惯性地和一群朋友聚餐：

"我深信我们必将这种聚会的方式传承到别处去。"

贝西·史密斯

(*1894—1937*)

美国布鲁斯音乐歌手

"我将离去,但是我将以上帝的名义离去。"

托比亚斯·斯摩莱特

(*1721—1771*)

苏格兰作家

"一切皆好,我亲爱的。"

苏格拉底

（约公元前 470 — 前 399）

被城邦判为异端神论者并被逼喝毒酒自杀

"克里托,我们欠着阿斯克勒庇俄斯一只公鸡的钱。一定要给他。千万别忘了。"

罗伯特·路易斯·斯蒂文森[1]

（1850—1894）

他好像突然头部剧痛;抱紧自己的头叫道:

"怎么回事?"

---

1. 苏格兰小说家、诗人、旅游作家。

莱顿·斯特莱奇

（*1880—1932*）

英国作家以及批评家

"如果这就是死亡，我不以为然。"

小约翰·施特劳斯 [1]

（*1825—1889*）

旁人告诉他睡一觉，他回答：

"我会的，管他会发生什么。"

---

1. 奥地利作曲家，擅长圆舞曲，最著名作品为《蓝色多瑙河》。

奥古斯特·斯特林堡

(*1849—1912*)

瑞典剧作家

他死时紧拽着一本《圣经》说：

"该赎罪了。"

扎卡里·泰勒

(*1784—1850*)

美国第十二任总统

"我就要死了。我期待着马上到来的上帝的召唤。

我此生尽力忠于职守，无怨无悔。

但还是会为要离开朋友们而难受。"

阿尔弗雷德·丁尼生[1]

（*1809—1892*）

"我开启了它。"

亨利·大卫·梭罗

（*1817—1862*）

美国自然主义者以及作家

谵妄状态下，他说：

"驼鹿……印度人……"

---

1. 第一代丁尼生男爵，继华兹华斯之后的英国桂冠诗人。

列夫·托尔斯泰

（*1828—1910*）

"我爱万物,我爱众生……"

里昂·托洛茨基

（*1879—1940*）

被冰斧袭击后,在送往医院的路上,他说:

"我认为斯大林完成了自己开启的事业。"

哈莉特·塔布曼

（*1822—1913*）

美国废奴运动者

当家人齐聚她临终的床边时，

她带领大家一起唱起了歌。她最后的唱词是：

"慢慢走起来，亲爱的马车。"

J. M. W. 透纳[1]

（*1775—1851*）

"太阳就是上帝。"

---

1. 英国著名画家、艺术家，最杰出的风景画画家之一。

马克·吐温

(*1835—1910*)

在他临终的床边发现的遗书上写着:

"死亡,

唯一的不朽,

公平对待世人,

给予所有人和平与庇护。

不论低到尘埃还是高贵纯洁,

不分贵贱,

不管爱恨。"

他最后向女儿克拉拉说的话是:

"再见了,如果我们再相逢……"

约翰·泰勒

（1790—1862）

美国第十任总统

临终床上的他说，

"医生，我要走了。"

医生回答：

"先生，我希望不会。"

泰勒最后的话语是：

"或许这样最好。"

威廉·廷代尔

（1484—1536）

英国学者以及圣经英语译本翻译家，他作为异教徒被处死

"主啊，请英格兰国王擦亮眼睛吧。"

鲁道夫·瓦伦蒂诺[1]

(*1895—1926*)

"不要放下遮帘。我挺好的。我想让阳光沐浴我。"

儒勒·凡尔纳

(*1828—1905*)

法国作家

他对家人们说:

"很好,人都齐了。现在我可以死了。"

---

1. 美国男演员,好莱坞默片时期的巨星。

韦帕芗

(公元后 *9—79*)

罗马皇帝

"皇帝应该站着死。"

维多利亚女王

(*1819—1901*)

对她的儿子,威尔士亲王爱德华说:

"柏蒂。"

潘丘·维拉

（*1878-1923*）

墨西哥革命领袖

"不能就这样结束。告诉他们我说了点儿什么。"

莱昂纳多·达·芬奇

（*1452—1519*）

"我既冒犯了上帝也冒犯了人类，
因为我的作品没有达到应有的水平。"

伏尔泰

(*1694—1778*)

著名的天主教批评家

伏尔泰的临终遗言是说给在床边为他祈祷的人们的:

"看在上帝的份上,

不要提那个人——让我平静地离开。"

也有人说当他在被要求否认撒旦的存在时,

伏尔泰回应:

"现在,

现在我的好朋友,

可不是给自己树敌的时候啊。"

理查德·瓦格纳

（1813—1883）

德国作曲家

心脏病突然发作时，妻子扶他坐到椅子上，其间怀表从口袋掉出；他惊呼：

"哦，我的表……"

亨利·比彻·沃德

（1813—1887）

美国废奴主义者以及社会改革家

"现在神秘降临了。"

查尔斯·杜德利·华纳

（*1829—1900*）

美国散文家以及小说家

"我现在不舒服，

想要躺一会儿，10分钟后你能来叫我吗？谢谢你，

你真好——10分钟后——记住了！"

乔治·华盛顿

（*1732—1799*）

美国第一任总统

"医生，我马上要死了，

我这半死不活的也拖了好长时间了；

但我一点不畏惧死亡的到来。"

丹尼尔·韦伯斯特

（*1782—1852*）

美国政治家

"我还活着！"

威灵顿公爵

（*1769—1852*）

对他的仆从说：

"你知道药剂师住哪里吗？去派人请他来吧，并告诉他我想见他。我现在感觉很不好，让我静静地躺着直到他来。"

威廉·威尔伯福斯

(**1759—1833**)

英国政治家、慈善家以及废奴主义者

当他听到儿子亨利试图安慰垂死的自己而说

"您的双脚就站在坚实的岩石上"时,威尔伯福斯答复道:

"我不会冒险说这么积极的话,

但我但愿事实如此。"

奥斯卡·王尔德

(**1854—1900**)

"我和墙纸在做殊死搏斗,

今天不是它死就是我亡。"

威廉三世（奥伦治）

（1650—1702）

国王骑马在乱石堆上摔倒时受了致命伤。他对医生们说：

"我知道为了救我，你们已经绞尽脑汁，

使出了浑身解数，

然而我的病却还是超乎了你们的能力范围：

我投降。"

沉默者威廉——奥伦治王子

（1533—1584）

荷兰共和国缔造者

被问及是否愿意向耶稣奉献自己的灵魂时，他回答道：

"我愿意。"

伍德罗·威尔逊

（*1856—1924*）

美国第二十八任总统

"我是一部支离破碎的机器,
当机器坏了时……我准备好了。"

胡尔德莱斯·慈运理

（*1484—1531*）

瑞士宗教改革领袖,死于战争

"死亡有什么大不了的呢?
他们可以杀掉我的肉体,却杀不死我的灵魂。"

托马斯·沃尔夫

(1900—1938)

美国作家

临死前,

他在医院给朋友麦克斯威尔·珀金斯写了最后一封信:

"我曾经长途跋涉到达过一个陌生的国度,

我看到了那黑暗之人,

我们距离很近,

当时我并没有太畏惧他,

而死神却仍然对我苦苦纠缠——

现在的我和当时一样有强烈的求生欲望……"

玛丽·沃斯通克拉夫特

(*1759—1797*)

英国女权主义作家

死于产后并发症。当她丈夫为她准备后事时，

她说：

"我知道你在想什么，

但是我一点不想浪费口舌在宗教上面。"

弗吉尼亚·伍尔夫

（*1882—1941*）

自杀前给她丈夫的留言：

"我强烈预感到我将要疯狂。

这种状态下我寸步难行。

我耳鸣，

脑海中各种声音撕咬，

无法静心工作。

我已经和这种状态斗争许久，

现在我斗不动了。

此生我虽欠你幸福，

却不能再这么自私地继续破坏你的余生了。"

威廉·华兹华斯

（1770—1850）

妻子知道他将撒手人寰,

告诉他他就要去天堂见他们的女儿朵拉了。

几小时后,当他的侄女拉开窗帘,他轻声问道:

"上帝保佑!是你吗,朵拉?"

约瑟夫·莱特

（1865—1930）

英语语言学家以及英语方言词典编辑

他的临终遗言和他本人的身份倒是很切合:

"词典!"

布里根姆·扬

（*1801—1877*）

摩门教领袖以及犹他州创立人

"我感觉好多了！"

弗洛伦兹·齐格菲尔德

（*1867—1932*）

美国剧团经理以及马戏团老板

在谵妄状态下，他大嚷：

"拉幕！快节奏音乐！灯光！最后一幕准备就绪！演出看起来很棒，演出看起来很棒！"

艾米尔·左拉

(*1840—1902*)

法国作家

当他们因不明原因的一氧化碳中毒而痛苦挣扎时,

左拉对他的妻子说:

"我感觉我病了。

我头痛欲裂。

不,

你看到我们的狗也病了吗?

我们都病倒了。

肯定是吃坏了什么东西。

这难受劲儿会过去的,我们不要过多在意。"

图书在版编目（CIP）数据

遗言图书馆/ (英) 克莱尔·科克—斯塔基著；冯羽译. -- 上海：上海文艺出版社，2019（2024.10重印）
（艺文志. 企鹅丛书）
ISBN 978-7-5321-7276-4
Ⅰ.①遗… Ⅱ.①克… ②冯… Ⅲ.①随笔－作品集－英国－现代 Ⅳ.①I561.65
中国版本图书馆CIP数据核字(2019)第139991号

Famous Last Words: An Anthology. Edited by Claire Cock-Starkey.
First published in 2016 by the Bodleian Library
Introduction and selection © Claire Cock-Starkey, 2016
All rights reserved.
著作权合同登记图字：09-2018-1251

发 行 人：	毕　胜
出 品 人：	肖海鸥
责任编辑：	肖海鸥　黄秋野
书　　名：	遗言图书馆
作　　者：	(英) 克莱尔·科克—斯塔基
译　　者：	冯　羽
出　　版：	上海世纪出版集团　上海文艺出版社
地　　址：	上海市闵行区号景路159弄A座2楼 201101
发　　行：	上海文艺出版社发行中心发行
	上海市闵行区号景路159弄A座2楼206室 201101 www.ewen.co
印　　刷：	苏州市越洋印刷有限公司
开　　本：	710×1000 1/32
印　　张：	5.75
插　　页：	2
字　　数：	70,000
印　　次：	2019年8月第1版 2024年10月第9次印刷
I S B N：	978-7-5321-7276-4/G.0249
定　　价：	35.00元

"企鹅"及其相关标识是企鹅图书有限公司
已经注册或尚未注册的商标。未经允许,不得擅用。
封底凡无企鹅防伪标识者均属未经授权之非法版本。

企 鹅 图 书
Penguin Books

策划出品 _ Patrizia van Daalen

特约编辑 _ 白姗

营销编辑 _ 刘芸倩 赵亦南

装帧设计 _ 索迪

封面插画 _ 孙愚火